बिखरे मोती

सांस लेते अहसास !!

डॉ. अनीता अरोरा ठुकराल

BookLeaf Publishing
India | USA | UK

Made with ❤ on the BookLeaf Publishing Platform
www.bookleafpub.in
www.bookleafpub.com

Dedication

समर्पित
ईश्वर के चरण- कमलों में
जिसने एक धड़कता दिल दिया
और
उन सभी को जिनके दिलों को अहसास
छू जाते हैं !

Preface

हर गुजरता पल एक अहसास है ! कभी रूह को झकझोरते तो कभी चित्त को कचोटते; कभी मन को आह्लादित करते तो कभी दिल को छू जाते ----ये पल जिंदगी को रवानी देते हैं !! "बिखरे मोती" वो अहसास हैं जो जीवन में हमारे आसपास सांस लेते रहते हैं ! कुछअहसास कभी नज़र नहीं आते, और कभी हम नज़रन्दाज़ कर जातें हैं !! और कभी ये अहसास मन में इतनी गहराई तक उतर जाते हैं कि फिर कविताओं का रूप ले आकार पा जातें हैं !

Acknowledgements

आभार उन सभी का जो इन पलों में साथ थे अहसास बनकर और बुकलीफ़ पब्लिशिंग का जिन्होंने इस सपने को हकीकत में जीने का अवसर दिया !

1. रास !

समन्दर किनारे बालू पर
बिछा चांदनी बैठी थी मैं,
तक रही थी चंदा को बेसुध होकर
अकेले करते विहार लहर पर !
दबे पांव बढ़ रही थी लहर मानो
अंदेशा था उसे किसी के आने का
चांद लगता था मानो होकर लहर पर सवार
मेरी मन नौका में उतरने को बेकरार !!
बेकाबू हो मेरा हृदय मेरे हाथ ना आया
सुध-बुध खो मैंने खुद को राधा सा पाया
उठ चली मैं बेखुदी में जैसे लहरों ने
छेड़ दी हो बांसुरी पर कोई मधुर तान !!!
इतने में दूर से लहरों का बड़ा इक रेला आया
लहर लहर चंदा चमक-दमक पड़े ज्यों
लहर लहर आन खड़े हों कान्हा हरजाई
खींच ले गई कोई डोर, मुझे कान्हा तेरी ओर
नेह हुआ अतिरेकी, मैं ना रही विवेकी
कान्हा कान्हा पुकार मैने कान्हा संग रास रचाईं !!

2. चलो थोड़ा रूमानी - कुछ रूहानी हो जाएं !

चांदनी की छटा तुम
मांग सजा दूं चांद सितारों से
बलखाती नदिया -- इठलाता झरना तुम
सजा दूं केश तुम्हारे लाकर फूल बहारों से
अरुणिम सुबह सुरमई शाम हो तुम
नाम कर दूं तुम्हारे लम्हा लम्हा इकरारों से

चलो थोड़ा रूमानी हो जाएं !

एक अटूट बंधन -- एक पूर्ण समर्पण
घर-गृहस्थी के चक्रव्यूह से निकल
बातें कर दो-चार हसीं बना दें कुछ पल
मान-सम्मान से जीते सगरे जीवन सुख पाएं
संग सब मुस्काएं घर के बाहर उदासी रख आएं
बदलते जीवन बदलते अर्थ
नहीं जाने दें कोई लम्हा व्यर्थ

चलो कुछ रूहानी हो जाएं !!

3. भोर से भोर तलक !

पौ फटते ही
सूरज के निकलते ही
रंग गेरुआ बिखर गया
आसमान निखर गया
मुस्कुरा उठे फूल सभी
झुक गए मानो शूल सभी
बगिया महकने लगीं
चिड़ियां चहकने लगीं
तितलियां लगीं इतराने
भंवरें चल पड़े मंडराने
दिन लगा चढ़ने
सूरज लगा बढ़ने
रोजी-रोटी कमाने
जीवन सुगम बनाने
सभी घर से निकल पड़े
अपने रास्ते चल पड़े
इरादों-यादों ने डाला डेरा
सूरज भी कर रहा पूरा फेरा
वो देखो शाम ढली

मैं नदिया किनारे चली
बहता पानी
देता रवानी
हवाओं की ताल पर लहरों का नर्तन
कर आह्लादित छू रहा तन-मन
हवाओं का मधुर संगीत
सुन रही संग अपने मीत
खुशबू की चादर ओढ़
हवाएं रहीं रास्ते मोड़
वो देखो ! शाम अब सुरमई हो चली
आसमां ने सतरंगी ओढ़नी ओढ़ ली
पल-पल अंधेरा घना होने लगा
दिन भी क्लांत हो सोने चला
छुपते-छुपाते चंदा भी आया निकल
आंख-मिचौली लगा खेलने संग बादल
तारे भी कुछ तिरछे से मुस्कुरा दिए
चांदनी ने पलक-पांवड़े बिछा दिए
मेरे अंगना चांद उतर आया
प्रीतम संग मैंने नेह दीप जलाया
नदिया किनारे बैठे-बैठे ख्वाब कई बुने
चांद-चंदनिया के युग्म गीत गई सुने
सुनते-सुनाते बीत गईं घड़ियां कईं
अरे ! वो देखो !!
पौ फिर से फट गई !!!

4. अवसरवादिता का गणित

रिश्ते की हर कसौटी पर
खरा उतरने को
इतनी घिसती गई नारी
कि
रह गई मात्र शून्य !
पर वाह री नारी !!
एक बार फिर---
जिसने जब चाहा
अपनी चाहत और नफरत के मुताबिक
इसी शून्य को
कभी किसी इकाई के पीछे लगा
बना दी एक भारी संख्या !
और कभी
इसी शून्य को किसी इकाई के आगे लगा
इसे लघु से लघुतम मुकाम तक पहुंचा दिया !!
शून्य के इसी सवाल ने हम सबको भरमाया
मन सशक्त देकर;
कर दी कोमल काया
खुदा ने खुद ही एक सुलझे औ' सुगम सवाल को

अनसुलझा और अगम
बनाया !!!

5. लकड़ियां बीनतीं औरतें !

लकड़ियां बीनती औरतें
सिर्फ लकड़ियां नहीं बीनतीं
बीनती हैं वे धधकती लौ अपनों के निवालों के लिए
जिसमें झुलसती हैं वो, तपती हैहं, जलतीं हैं।
बीनतीं बीनतीं लकड़ियां ना जाने
कितनी दूर चलती हैं
सुस्ताती हैं जब तनिक थकती हैं
सड़क किनारे सखी संग बतियाती बैठती हैं
पर ना कोई थकान, ना कोई शिकन
बस हवा की धुन पर लहराते पत्तों की मानिंद
बस बेखुदी से बेपरवाह सी लहरती हैं ।

लकड़ियां बीनतीं औरतें
सिर्फ लकड़ियां नहीं बीनतीं
बीनतीं हैं वे चूल्हे में धधकती लौ
अपनों के लिए निवाले वे जिस पर सेंकतीं
जिस पर झुलसते सपने उसके
लकड़ियां बीनते बीनते आदत सी हो गई उसे
कांटों की चुभन की
ज्यों तरकारी छीलती छुरी की ख़रोंच से रहती बेखबर,

ज्यों गर्म चिमटे की पकड़, ज्यों अंगारों की उमस
जैसे ये सब उसकी विषय वस्तु में ही निहित हैं
और उसके
इस इम्तिहान में सब कुछ अनिवार्य है
ऐच्छिक कुछ भी नहीं, और उसे बताया गया कि
ऐच्छिक विषयों की उपाधि
अलग उपाधि होती है।
ना जाने लकड़ियां बीनतीं औरतें किस जहां से आतीं हैं !!!

6. बिखरे मोती --1

आजादी का समन्दर देख मन हिलोरें लेता था;
क्या पता था उसको कि रहना तो नाव पर ही होगा !

***

देखते हैं कितनी काबिलियत है तुममें मुझे सुलझाने की--
हस कर वो बोली --- जिंदगी हूं उलझन है खासियत मेरी!

***

तलाश है उस अदालत की !
जहां खुदा की ज्यादती के फैसले होते हों !!

***

माथे की लकीरें भी संवर गईं
जब मेहनत ने हाथों की लकीरों को बदला तो

***

पिंघल जातीं हैं भावनाओं की सिल्लियां
यादों की तपिश से
और मन समन्दर में सुनामी आ जाती है !

***

बेदखल नहीं किया है अपनी जायदाद से उस विधाता ने
कुछ सांसें, थोड़ी वेदना और चंद खुशियां मेरे नाम की हैं !

7. कुछ रीत सी गई हूं मैं !

जिद्द नहीं है ये
बस कुछ दर्द है-- कुछ पीड़ा है !
समय के साथ हो जाएगा कम यही उम्मीद है
मुझे भी ये सब कहां भाता है !!
दर्द क्यों बार बार उभर आता है !
बस अब थका सा मन है !
उलझी सी उलझन है !
निरीह और शिथिल पड़ रहा तन है !
ना जाने क्यों सूख से रहे आंसू ?
ना जाने क्या मन रहा ढूंढे ?
कुछ तो खो गया है मेरा --
थोड़ा सुकून, थोड़ा मान;
थोड़ा विश्वास, थोड़ा समय
थोड़ा साथ !
कुछ नहीं बस अब रीत सी गई हूं मैं !!
कुछ बची अब ज्यादा बीत गई हूं मैं !!!

8. सात वचन !

1.

बड़े खोखले औ" बेमानी से लगते हैं सात वचन ;
कब कोई कैसे कहाँ इन्हें यहाँ समझ नहीं पाया !

2.

वो वादे पे वादे हरदम करता चला गया;
नादान थे हम वादों की असलियत समझ ना पाए !

3.

बार बार याद दिलाए वो सभी अधूरे वादे;
बहुत सालते हैं जो घाव भरने से रह जाते हैं आधे !

4.

बड़े यत्न से मजबूत धागों से बुनी थी ज़िंदगी;
एक धागा क्या छूटा सभी धागे ढीले पड़ गए !

5.

तारीख पे तारीख पड़ती गई मेरी शिकायतों की;
अब तो जैसे वजूद ही खत्म हो गया शब्दों का !

6.

ऐसे कैसे कोई कर सकता है नजरंदाज;
हमने तो वजूद ही अपना तुमसे मान लिया था !

7.

अगाह किया था बार-बार हवाओं के तेज बहाव की;
वो कब आंधियां बन आशियाने को हिला गईं और
तुम जानकर भी अंजान बने रहे !
!

9. प्रीत !

प्रीत--
कितनी सतरंगी
कितनी अतरंगी
रेशम सी मखमली
चांदनी सी रुपहली
कंगन सी खनकती
फूलों सी महकती
चिड़िया सी चहकती
दुल्हन सी लरजती
बूंदों सी बरसती
झरने सी पुनीत
सूफी सा संगीत
झरने का नर्तन
अंतर का अर्चन
दिल चीरती इक धुन
घुंघरूओं की रुनझुन
जैसी
गढ़ती है कल्पना
प्रीत की कहानियां
कितनी रूमानी हो जाएं

ये सारी कहानियां
अगर यथार्थ की धरा पर
इनके उतरते ही बोल दे कोई---

' तथास्तु '

10. चाहती तो बहुत कुछ हूं !

चाहती तो बहुत कुछ हूं ---

देखती हूं चांद को बादलों संग अठखेलियां करते तो--
बादल का टुकड़ा बन जाना चाहती हूं !!
देखती हूं सूरज को अरूणिम घोड़ों पर होकर सवार तो --
रंग गेरुए में रंगी किरण बन जाना चाहती हूं !!
देखती हूं शाम को सुरमई रंगों संग अभिसार करते तो --
गोधूली बेला का पल अनछुआ बन जाना चाहती हूं !!
देखती हूं बारिश की बूंदों को बेखुदी में नर्तन करते तो --
मिट्टी को सोंधी बनाती नन्हीं सी बूंद बन जाना चाहती हूं !!
देखती हूं विशाल पर्वतों को गगन से बातें करते तो --
पत्थर का टुकड़ा बन अपनी हकीकत बांचना चाहती हूं !!
देखती हूं रात को अंधेरों से हर रोज अथक जूझते तो --
नन्हा सा तारा बन थोड़ा अंधेरा मिटाना चाहती हूं !!
देखती हूं घटती बढ़ती लहरों को किनारों से टकराते तो --
इक शांत लहर बन गीत मधुर कोई गुनगुनाना चाहती हूं !!
देखती हूं कायनात की हर शय को गिरते-उठते, झरते-पनपते,
बिखरते-संभलते, गुनगुनाते-मुस्कराते, जीतते-हारते तो --

कायनात की हर शय में खुद को फना कर कुदरत से
रूबरू होना चाहती हूं !!!

11. संकेतों में संवाद !

सिर पर आशीर्वाद भरे हाथ से
स्नेह जताते अधरों से छुए माथ से
बाहें फैला गले लगाकर
उठा हथेली पीठ थपथपाकर
शर्म से गुलाबी पड़े गालों से
क्रोध से दहकती आंखों से
नयनों के ही रस्ते
हर्ष-वेदना दोनों बहते----
मन तो सगरे भाव
एक ही ब्रह्मांडीय भाषा में
तन पर लिख देता है -- तो
क्या भाषा, क्या शब्द, क्या व्याकरण
ये सब तो मतभेद और दूरियां ही
पैदा करते हैं !!

विरोधाभास

सशक्त होते देखती हूं मैं
जब पैट्रोल-पम्प पर पेट्रोल भरती है गाड़ी में,

जब टोल-प्लाजा पर पर्ची काटती है गाड़ी की,
जब आटो और बस चलाती है सड़क पर,
पर-----
पर जब कोई महिला टुकड़ों-टुकड़ों में कटती है,
जब कोई महिला गाड़ी के नीचे घसीटी जाती है,
जब कोई महिला चार्जर के फंदे में फंसा दी जाती है ----
तो सशक्त होता विश्वास फिर से
घिसटता हुआ, अविश्वास के फंदे में फंस शत्-शत् टुकड़ों में टूट-टूट जाता है

12. बिखरे मोती -- 2

बिखरे मोती --- 2

बड़ी बाखूबी से नाचती हैं अंखियां हमारे कहने पर
मन कितना भी रोए मजाल है कि जरा भी जाहिर कर दें
***
मन समन्दर में जब भी उठता भावों का तूफान है ;
कश्ती बन जाती है कलम और किनारे पर ले आती है
***
तमाम कोशिशें नाकाम हो गईं रात को रोके रखने की ;
चांदनी रात के सभी सपनों को सुबह का सूरज लील गया !!
***
रेत भी फिसलती है बंद मुट्ठियों से,
हालात भी बिगड़ जाते हैं !
पर फिर भी
इंसान कैद कर लेता है अपनी मुट्ठी में
वक्त भी, हालात भी और संसार भी !!
*** *** ***
पहाड़ी सड़कों सी घुमावदार थीं तुम्हारी बातें !
शिकायत हमीं से कि हम चीजें समझते नहीं !!

13. कोहरा !

कोहरे का झीना सा आवरण है !

ज़िंदगी पर --
लुभाती है दूर से, पर पास आकर जाती है छल।
रिश्तों पर --
जतन से संभाले, पर पलभर में जाते हैं निकल।
सपनों पर --
नींद में अपने हैं, पर जागें तो घर लेते हैं बदल।
आशाओं पर--
जिंदा रखतीं हैं कल को, पर आज जाती हैं मचल ।
समय पर --
ये पल जो अपना है, पर पल में ही जाता है फिसल !!
हां जी! ये कोहरा तो क्षीण सा नजर आता है
पर
चाहे कुछ पलों के लिए ही सूरज को भी लील जाता है!!

ये कोहरा है जो सूरज को भी लील जाता है !!!

14. मैं चांद हूं !

मैं चांद !
कभी घटता, कभी बढ़ता
अनन्त तन्हाई, अनन्त तम
मुझे तक ही सीमित मेरा ग़म !
पर
जितना भी मैं आया, जब भी आया
आया चांदनी लेकर
तुम्हें सुकून देने
उपमाओं से तुम्हारी ह्रदय-वीणा के
तारों को झंकृत करने !!
खुद से खुश मैं, खुश ख़ुदा से भी
कि
जितना भी हूं-- आधा-अधूरा सा
जितने भी दाग दामन में
तुम्हारे गीतों-गज़लों में शामिल हो मैंने
हमेशा तुम्हारे दिल की गहराइयों को
गहराई से छुआ है !!!
और आज तो तुम मेरे वजूद से ही
रूबरू होने मेरी दहलीज पहुंच गए !!!

15. ख्वाब !

ख्वाबों को हकीकत में बदलने का हुनर आता था मुझे
नींद को बैर था मुझसे कि ख्वाबों को पास आने ना दिया !

*** *** *** ***

इतने अज़ीज़ थे ख्वाब हमें कि पलकों पर बिठा रखा था
आंसू का कतरा बहा कुछ ऐसे कि ख्वाब ही बहा ले गये !

*** *** *** ***

ख्वाबों को हमेशा बंद आंखों से ही देखा हमने
उन्हें पूरा करने को आंख क्या खोली कि
आंखें खुली की खुली रह गईं !

*** *** *** ***

मखमली ख्वाब थे हमारे कि आंखों के संदूक में महफूज रखा था उन्हें
वक्त की आंधियां कुछ यूं चलीं कि आंखों में किरकरी भर गयी !

*** *** *** ***

बड़े नाजों से ख्वाबों को पाला था हमने कि
इक दिन संभाल लेंगे हमें !
कमबख़्त बड़े क्या हुए कि
परिंदों की मानिंद रुखसत हो गए !

*** *** *** ***

ख्वाबों को इस कदर अपना बनाया हमने और
वो भी कुछ इस कदर जुड़ गए हमसे कि

हकीकत में जब उन्हें हासिल करने चले तो
खुद से जुदा ना करने की कसम दे डाली हमें !

16. रिश्ते !!

रिश्ते----

हर पल नई कहानी कहते
हैं ये रिश्ते ये नाते,
कुछ उदास तो कुछ मुस्कुराते नगमें
ये रिश्ते हैं गाते ।
दादी नानी की कहानी
अब तो हुई पुरानी,
वो दादा नाना का दुलार
तरसता बाल मन करे पुकार,
मां की गुनगुनाती लोरी
दब गई अब तो फाइलों के ढेर में
पिता का विशाल साया
पतझड़ बना पैसों के फेर में
जो कभी रीढ़ की हड्डी थे--
वो रिश्ते आज हैं डगमगाते
कुछ उदास तो कुछ मुस्कुराते नगमे
ये रिश्ते हैं गाते।
हर इंसान अकेला है रिश्तो की भीड़ में
दर्द रिसते हैं-रिश्ते सिसकते हैं हर नीड़ में ।

परिवार की जो अक्षय इमारत खड़ी करते थे
वे रिश्ते आज हैं भुरभुराते ।
कुछ उदास तो कुछ मुस्कुराते नगमे
ये रिश्ते हैं गाते !!!

17. किताबें !!

कौन कहता है किताबें निष्प्राण, जड़ वस्तु होती हैं ?
कान पास लाओ तो जरा धड़कन तुम भी सुन लोगे !
'गर तुम्हारे सीने में धड़कता है दिल तो,
किताबों के किस्से सारे जान जाओगे !!
पन्नों पर अंकित अक्षर कब स्थिर होते हैं ?
कभी धीमी तो कभी तीव्र गति से,
नैनों के चौखट से गुजर ये
हृदय के आंगन में नर्तन करते हैं !!
किताबें कब कहां बेजुबान होती हैं ?
ये तो वाचाल हैं, अनवरत बोलतीं हैं !
तुम तनिक हाथ में इन्हें थामो तो सही,
दिनों-महीनों-बरसों से मौन पड़ी ये
नवरस भरे भाव सभी अभिव्यक्त कर देतीं हैं !!!
किताबों की काली स्याही
ना जाने कितने रंग ज़िंदगी के समेटे होती हैं !
फैला दो अपने दिल का कैनवस,
ये बेरंग पड़ी तस्वीरों में रंग अमिट भर देंगी !!!

18. बिखरे मोती -- 3

उतारी थी बड़े गुरूर से तस्वीर तेरी दिल में !
तस्वीर तो अभी भी वहीं है टंगी है बड़ी शान से पर---
तुम ही दिल से उतर गए !

***

मन की गलियन आबाद हो जी पड़तीं हैं जब
जब यादें अहसास के संग गल बहियन हो
इधर का फेरा डाल लेतीं हैं।

***

काश कि वक्त के मुताबिक जमाने के हिसाब से
बदल लिया होता खुद को तो
ज़िंदगी इतनी दुश्वार ना होकर बहुत आसान होती!

***

विश्वास और मान के ताने-बाने से बुने रिश्ते
ना रंग छोड़ते हैं ना क्षीण हो बिखरते हैं !!

***

शोख रंगों के कायल थे सभी !
रंग मद्धम क्या पड़े, लोगों का नजरिया ही बदल गया !!

19. अनुमान !

मेरे मौन के अर्थ व्यर्थ ही लगाते हो !
ना मैं थकी
ना मैं हारी
ना मैं टूटी

मेरी वफादारी के रंग में जंग क्यों लगाते हो !!
ना मैं बहकी
ना मैं भटकी
ना मैं अटकी

मेरे अंतर्मुखी हो जाने के अनुमान अनजान लगाते हो !!!
मैं तो वैसी ही चहकती
मैं तो वैसी ही मुखरती
मैं तो वैसे ही सिरजती

20. भाव --- कुछ यूँ बोले !

प्रेम -- ज्यों अल्हड़ बारिश की फुहार !
ज्यों हल्के से बहती सुवासित बयार !!
प्यार -- ज्यों चांद को देख रोमांचित हुआ जाता सागर !
ज्यों सागर को स्वयं में समाहित करती गागर !!
इश्क -- ज्यों हवाओं की धुन पर नर्तन करतीं
नदियां की लहरें !
ज्यों पंक को परे कर पाक पंकज
इठलाते ताल में तैरें !!
समर्पण --ज्यों कंकड़, घोंघे, सीप से भरे तट पर बिछी चांदनी !
ज्यों सूरज की मद्धिम तपिश में खिलती मुस्काती कली !!
भक्ति -- ज्यों दृगों की दहलीज बेसुधी में लांघ
अविरल बहता नयन-नीर !
भाव -- ज्यों हृदय-अंतस में बरबस ही गहराती
मीठी सी चुभन लिए कोई पीर !!
स्नेह -- ज्यों इंद्रधनुष के झूले पर
बारिश की बूंदों संग खेलती सतरंगी किरणें
वैराग्य -- ज्यों पर्ण की ना होकर भी पर्ण को मंजुल बनाती ओस की
बूंदें !!!

21. सच !!

जितना भी पर्दे गिरा लो तुम;
छिपा ना सको चमक जिसकी
सच ऐसा ही कोहिनूर होता है !
निर्लज्ज होता है सच बड़ा;
बेड़ियों में जितना भी बांधो
सच को बाहर आना जरूर होता है !!
खरा उतरे हर कसौटी पर
कोई अगर तो; अभरम उसे
चाहे अंजाने ही गुरूर होता है !!
वक्त कब किसी का
एक सा रहा जहान में
इसके सामने हर कोई मजबूर होता है !!
किस्मत का लिखा
भला कौन टाल सका
पंजा इसका कई बार क्रूर होता है !!
मिलती नहीं जमाने में
खुशियां अकूत दौलत से
सच से सुसज्जित इंसान मसरूर होता है !!

तर्क वितर्क कितने ही
कर लो तुम --- सच की राह पे
चलने का अलग ही सरूर होता है !!

22. पूर्णता !!

सिर्फ इक दिन नहीं मेरा
मैं हर दिन से
हर दिन है मुझसे
सब कुछ है विदित तुझे
कुछ छिपा नहीं तुझसे
कभी कहां नष्ट हुई मैं
कितना ही क्यों न हुआ हो मर्दन !
उठ खड़ी होती हूं बीज की मानिंद
करने को बहती बयार संग नर्तन !!
तेरा साहचर्य
को धरा देता
मेरा धैर्य
तेरी जीवटता
को जड़ें देती
मेरी सहनशीलता
तेरी चेतना
को चलायमान करती
मेरी संवेदना
मेरे प्राण और मान

को पूर्ण करता
सिर्फ और सिर्फ
तुझसे मिलता
मान-सम्मान !!
हम-तुम प्रकृति जन्य
जीवन जी लें सामान्य
ना कोई छोटा ना कोई बड़ा
बस रहें कुछ ऐसा
ज्यों मोती हो कनक जड़ा !!

23. बदलती पुकार !!

ख़ामोश चीखें वो, बहरा चीत्कार
जीवनदायिनी वो बेबस हो बनी लाचार
क्या कुछ गुजरा होगा, वो लम्हें खुद से बेजार
लम्हें तो छोड़ो यहां सदियों से मचता रहा कई बार हाहाकार
कुछ दिन बेजार लम्हों का शोर व्यथित करता है
फिर जीवन की मानिंद कफ़न ओढ़ ख़ामोश हो जाता है
ये खामोशियां क्रन्दन बहुत करतीं हैं
चीरतीं हैं दिल अंदर तक, हर सांस गहरी भरतीं हैं
ओ मेरे रब्बा!
कुछ तो कर, ना बैठा रह हाथ धर !
इंसानी अदालतें तो इन्सान ही चलातें हैं
बरसों में बदलते ये चीखते लम्हें हैं
न्याय के पलड़े ख़ामोशी से तकते हैं
रब्बा मेरे !!
कुछ तो हालात बदल, कुछ तो संभलें सब;
दुष्कर्म-दरिंदगी ना हो पाए कभी अब !!
है तो अजीब ख्याल पर ख्याल तो आखिर ख्याल है ---
सारा दोष अगर कायिक तंत्र का है तो
अब बस गर्भ तंत्र दुष्कर्मी नर को दे !!

24. बिखरे मोती -- 4

देखते हैं कितनी काबिलियत है तुममें मुझे सुलझाने की--
हस कर वो बोली --- जिंदगी हूं उलझन है खासियत मेरी !

***

कहां अकेला है तू ऐ चांद? तेरी सारी रूमानियत ने तो
मन के सारे अहसासों को तुझे गीतों गजलों में ढाला है !
और यदि कोई हिस्सा अकेला रह भी गया तेरा
तो तुझे हमने अपनी रीति रिवाज में संभाला है !

***

मानव को--
कण कण किया अर्पण
समग्र दिया समर्पण
उसने --
दिखा दिया दर्पण
कर दिया तर्पण

नारायण --
अब तेरी ही शरण
किया तेरा वरण
क्षण क्षण करूँ

तेरा स्मरण !

***

छल-कपट की बैसाखियों से
यथार्थ के दुर्गम पहाड़ नहीं चढ़े जाते ।

25. बहाव !

कल कल बहता जाए जाए नदिया नीर
ज्यों सजनी चली पिया मिलने नदिया तीर
ज्यों बिरहन की हृदय पीर बह चली कलेजा चीर ।
मदमस्त हो बह चली महकी पवन
ज्यों चेहरे पर प्रिया के खिल पड़ी मुस्कन
ज्यों पिया के परदेस निकलते ही बह चलीं अंखियन ।
उच्श्रृंखल हो बहे जा रहे गगन में बादल
ज्यों भटक गया शिशु कोई छोड़ मां का आंचल
ज्यों बह गया किसी की यादों में किसी का काजल ।
आंसू रुक-रुक गालों पर बह गए
कुछ कथा व्यथा की अंजाने ही कह गए
कुछ बहुत कुछ, तो कुछ अभी कुछ कहने से रह गए ।
पल-पल गुजरता जीवन बह रहा
कुछ टूटे सपनों संग बेबस हो ढह रहा
कुछ आसमां छूने अपनी राह निकल पड़ा ।
हर बहाव के अपने पड़ाव यहां !
हर बिखराव के अपने जुड़ाव यहां !!

26. पाती--प्रत्युत्तर !!

नेह-नीर सिक्त लिख डालीं चिट्ठियां कई
और कर बंद बादलों के लिफाफों में
भेज दीं हाथ पवन पत्रवाहक उसे बना
अपने नील गगन पिया को
धीर धरे धरा अब बैठी बाट जोह रही
और
कैसे लिखेंगे वो और क्या लिखेंगे प्रत्युत्तर में
बैचैन हो मन ही मन अपने सब टोह रही !
उधर
धरा की पाती पा नील गगन हो मगन
एक एक कर खोल लिफाफा रहा
प्रेम रस डूबी चिट्ठियां पढ़ भर-भर बूंदें
अपनी धरा पर प्रेम रस बरसा रहा !!
यूं पाकर प्रेम पिया का
धरा भी कुछ मचल रही

कुछ कोंपल कुछ किसलय खिला
लिख कितनी हीं गज़ल रही !!

27. वह बस इक काया है !

हां, वह बस इक काया है!
इक काया है -- वह बस इक काया !
हां - बस वह एक तन है- इक ऐसा तन ---
जिसमें ना आत्मा ना कोई मन है
कितना लड़ती है वह खुद से
कितना लड़ती है वह सबसे
पर फिर उठ खड़ी होती है
आगे बढ़ने को; फिर से आगे चलने को
और हजार मुकाम हासिल करती है
कंधे से कंधा मिलाती है
सशक्त फिर वह कहलाती है
पर हजार मुकाम कर ले हासिल वह
जो पहुंचती है किसी मुकाम पर
वह बस एक नाम है
जो रौशन करती समाज का नाम
वह उस नाम की शान है
पर फिर भी वह इक आम लड़की है और
आम लड़की सिर्फ एक काया है
ये कुछ विक्षिप्त, सिरफिरे,

वहशियों ने जताया है --
सशक्त को कायराना बल-छल से
निर्बल बनाया है !!
हैवानियत ने सर चढ़
अपना विकृत चेहरा दिखाया है।
मां-बाप तो डरते हैं
उसके संग जीते-मरते हैं ।
समय के साथ उसे कदमताल करना सिखाते हैं;
सशक्त बना उसे आत्मनिर्भर बनाते हैं।
पर वह सशक्त फिर भी रहती इक नारी है
समस्याओं से नहीं वह हैवानियत से हारी है।
है वह बहन-बेटी मेरी तुम्हारी,
इस सृष्टि की सरमाया है !!!
पर क्यों नहीं इंसान यह समझ पाया है ---
वह एक इंसान है -- ना कि बस इक काया है
कितनी वह तड़पी होगी
कितनी बार मरी होगी
उसकी चीख तो ब्रह्माण्ड में समा
हर किसी को झकझोर रही हैं
पर क्यों न्याय बहरा बना है ?
साक्ष्य औंधे पड़े चिंघाड़ रहे हैं ---
क्यों इसकी आंखों की पट्टी खुलती नहीं है ??
न जाने कितनी लड़कियां
कितनी बार निर्भया बनती हैं ???
हे कृष्ण! अब तो जागो तुम
तुम तो हर नर हृदय बसे हो
या तुम पर भी ये संसारी इन्सान भारी पड़ा है !!!!

बस अब आ जाओ तुम ये समय बहुत कड़ा है -----

28. प्रेम !

प्रेम-प्रेम सब करत हैं, प्रेम ना कोई पाए।
सब निहारत पंखुड़ियां, प्रेम तो सुगंधि बसाए ।।
प्रेम तो बसे सुगंधि, और हर तन दे महकाए।
मिट्टी गिरे पंखुड़ी, तो सुवासित हो मिट्टी जाए ।।
पवन करे अठखेलियां, तो पंखुड़ी दे शरमाए।
कांधे सर रख पवन के, कतरा कतरा दे गमकाए ।।
प्रेम तो इक सत्य, काया ना जिसकी कोई पाए।
निराकार तो ईश्वर, जो इन नैनन ना नजर आए।
मन हो निर्मल नीर सा, और जब नीयत लें धुलाए।
ईश्वर - प्रेम दोनों मिलें, जीवन सफल हुई जाए।।

अंत

पल बहुत खिंच से गये थे और
असहनीय हो चले थे
बातें जब अंतिम सांसें ले रहीं थीं
वेदनाओं का वेग था
खामोशियां का फैलता वितान था

सांसों की ऊष्मा पर भावनाएं पिघल रहीं थीं
कभी बहता तो कभी रुकता अश्रु नीर था ।
बातों का छूटना केवल देह का अंत ही नहीं होता
अक्सर बातों के छूटने से रिश्ते भी छूट जाते हैं।

29. जीवन-तप !

मिला तुझे है
जीवन ये खास
हार मिले अगर
मत हो उदास
कर्म पर अपने
रख पूर्ण विश्वास
नईं आशाओं संग
रचा मधुर रास
गूंजे कोना कोना
कर ऐसा हास
जीत पर अपनी
मत हो मगरूर
अंत लिखा कर
लाता हर सरूर
नियति तेरी होगी
कोमल कभी क्रूर
तेरा किया तेरे
सामने आएगा जरूर
मिला तुझे जो जीवन

है ये बहुत खास
नादानियों को ना
उड़ाने दो इसका परिहास
निराशाओं को मत
करने दो इसका ह्रास
सात्विकता से कर पोषित इसे
मान इक तप और इक उपवास !!

30. बिखरे मोती –5

काश कि वक्त के मुताबिक जमाने के हिसाब से
बदल लिया होता खुद को तो
ज़िंदगी इतनी दुश्वार ना होकर बहुत आसान होता

***

मान-मृदा, धीर-धूप, बिल्लौरी-बयार और नेह-नीर,
रिश्ता-बीज के अंकुरित हो दरख़्त बनने के चार मीत ।।

***

नर्म छुअन की होती है दरकार
रेशम के ताने-बाने से बनी ज़िंदगी को!
कसकर गांठें लगाओगे तो
सिलवटें तो पड़ेंगी ही !!

***

न्यायसंगत रहता है 'गर कुछ लिखा-पढ़ी पहले ही कर ली जाए !
वरना वेदना जैसे किराएदार मन-मकां में मालिक बन बैठ जाते हैं !!

***

विछोह
अन्तिम सत्य !

तो

किस बात का मोह !!

31. बातें अनकही

कुछ हैं बातें अनकही
कुछ हैं बातें अनसुनी
कह डालें सब, सब सुन लें !
रह गई जो अधूरी सी कहानी
उसे पूरा बुन लें !!
जो ना कह पाएं
जो ना सुन पाएं
वो सब कह देंगी
ये हवाएं, ये चांदनी
क्योंकि
ये सब सुन लेतीं हैं
ये सब कह देतीं हैं
और अक्सर मैं
खिड़की पर आ
इनसे बिन बोले
बतियाती हूं!!

रूबरू

उलझ ली बहुत इस दुनिया में,
बस अब सुलझने का वक्त है;
मुखर कर दो वे सभी जज़्बात
जो अब तक अन्दर ज़ब्त हैं !
मृग मरीचिका सी खींचती इस
दुनिया से रुखसत का वक्त है;
सत्य उजागर करती सच्ची दुनिया से
रूबरू होने का वक्त है !!

32. चिट्ठियां !

चिट्ठियां भी कभी कविताएं हुआ करतीं थीं !
छंदमुक्त पर भावयुक्त,
अलंकरण वंचित पर नेह सिंचित
लिखत बहते नयन नीर की रहती ना थी
कोई सुध-बुध
और भीग जाते थे कुछ शब्द !
बांचत मन के गहरे समंदर से होता था
कंठ अवरुद्ध ---- और ----
इधर भी सील जाते थे कुछ शब्द !!
इक हृदय से उठी तरंगें चिट्ठियों के जरिए
दूजे हृदय तक प्रवाहित होतीं थीं !!
चिट्ठियां भी कभी कविताएं होतीं थीं !!!

खुशियां !!

वक्त कुछ खामोश सा है
मन कुछ उदास सा है
चित्त कुछ अशांत सा है
तन कुछ क्लांत सा है
खुशी उदासी सब अंदर है समाया
तो
खुशियों पर ही हक क्यों नहीं
हर कोई जमा पाया ??

33. आत्मसात !

बयार ने पूछा आंधियों से --
क्यों बहती हो इतने वेग से
कि सब कुछ ध्वस्त करती चलती हो ?
आंधियों ने कुछ यूं पलट कर पूछा
क्या मिलता है तुम्हें यूं
नज़ाकत से बहकर
कि तुम्हारे होने ना होने का अहसास ही ना हो ?
हल्के से फूल को सहलाते बयार कुछ यूं बोली---
तुम क्या जानो - तादात्म्य स्थापित कर कभी
कुछ आत्मसात कर लेना कभी किसी के साथ
आत्मसात हो जाना जीवन को सार्थक बना देता है।

उत्कर्ष -- अपकर्ष

मैं मृदुल किसलय
फूटा था डाल पर,
रंग थे निखरे, और

मंजुल थी चमक भी ;
सुवासित हो, समृद्ध हो,
उत्कर्ष असीम पाता गया!
मौसम बदला, बदला रंग रूप मेरा!
प्रथम पीत वर्ण, हुआ न्यून साहचर्य फिर शाख से ;
रुत बदली, समय बदला, पीत वर्ण अब छूट चला!
जीर्ण पड़ा तन मेरा! क्षीण हुआ मन मेरा !!
कृशकाय हो अपकर्ष को जाता गया !!!
समय का पहिया कब रुका कहां ?
बहती अविरल पवन, ठहरी कब ये कहां ?
नहीं अजर-अमर कोई यहां !!!!

34. वे शिव हैं !!

सुर, लय और ताल में बंधे वो नटराज भी हैं;
तो --- भावनाओं के वेग से मुक्त हो,
आवेगों को बाहर करते अपने तांडव से रूद्रराज भी हैं ।

श्मशान की तपिश को कैलाश के हिमखंडों में
बैठ तप से कम करते हैं !
भस्म से धूसरित काया को भाल पर चंदन तिलक से सुसंगत बनाते हैं
!!

हे जटाधारी ! घनी जटाओं के घेरे में तुम गंगा
धारण करते हो !
और -- केशों की जटिलता को तुम शशि भूषण से
अलंकृत करते हो !!

व्यक्तित्व में समाहित विरोधाभासों से परे
वे अपने में सम्पूर्ण हैं ----
आशुतोष वे आदिनाथ, देवादि देव, महादेव
शिव पूर्णरूपेण करूणा पूर्ण हैं !!

35. बिखरे मोती - –6

मोती
बेशक अनमोल!
खो दें चमक या
पड़ जाएं दागी!
बेहतर होगा --
बन जाएं बैरागी
बजाय करने के बातें गोल !!
***

विश्वास अमिट-अटल
तो
चट्टान सरीखा !
टूटे तो
ज्यों बालू और मिट्टी
से बनी परिखा !!
***

बेकार ही उठता यह बवंडर है
क्योंकि ---

मन-मकां तो पहले ही हो चुका
खंडहर है !!
***

व्यथित करता दिलो-दिमाग को
ये कैसा कर्कश कोलाहल है ??
कैसे आवाज दूं तुम्हें जब
आकंठ डुबोता ये हलाहल है !!
***

खुश्क आंखों से उसने खामोश मातम मनाया।
रूह को जब उसने अपनी ज़र्रा-ज़र्रा जरते/मरते देखा !
***

मुझे भी मेरे हिस्से में इक टुकड़ा धरती
और इक टुकड़ा आकाश मिला !
पर पता चला कि ---
मेरे हिस्से के आकाश में सूरज तमतमा रहा था !
और
मेरे हिस्से की धरती पर युगों से जमा हिमखंड था !!

36. बिखरे मोती –7

तुम नर हो मैं ठहरी नारी
दो मात्राओं के बोझ से मैं भारी !
आदर्शों, उसूलों, मर्यादाओं की बोझवाहक मैं ही
कब तलक ये ज्यादती, हे राम ! रहेगी जारी ?

***   ***   ***

जंगल और जंगली जानवरों से डर नहीं लगता मुझे
वे तो जान लेकर क्षुधा अपनी शान्त करते हैं !
समाज और सामाजिक जानवरों का खौफ है मुझे
जो जान का तो पता नहीं पर मान-सम्मान ध्वस्त करते हैं !!

***

बर्फ की मानिंद हैं रिश्ते
मर्यादित तापमान में मनचाहा-मनभावन
आकार ले लेते हैं !
तापमान अमर्यादित हुआ जरा सा तो
अदृश्य होने में वक्त नहीं लगता !!

***

***

पर
दोनों में गुफ्तगू अविरल।

***

मौन थे उदास से बादल,
बरसी बारिश तो मानो अल्फ़ाज़ उन्हें मिल गए।।

www.ingramcontent.com/pod-product-compliance
Lightning Source LLC
La Vergne TN
LVHW022027200926
848481LV00007B/2567
9798898651664